「買草帽一定要在冬天。」──卡森

」

「賺錢的機會沒有捷徑。」

言

──日本格言

「投資股票的訣竅，就是在好的時機，買進好的股票。
只要它的條件沒有變差，就不要把它賣掉。」
──巴菲特

賺錢機會。」

對不能放盡。」

「就我所知，沒有任何其他領域能夠以這麼簡單的方式
獲取這麼大的利益。」──費雪

花開了會謝，花謝了會再開。」──日本格言

要在自己的能力範圍之內。」──巴菲特

「這家公司的經營團隊是不是
一群誠實的人？」──費雪

「一個優秀的投資者，除了要擁有創造報酬的能力，
還要擁有同樣高明的風險掌控能力。」——馬克斯

「商品窮人。」——日本格言

「賢者的想法時時在變，愚者的想法永不
——英國格言

「會忍才是搖錢樹。」——

「不把雞蛋打破，就沒有辦法製作歐姆蛋。」
——華爾街格言

「天底下不存在過去的
——華爾街格言

「不能把所有的雞蛋都放在
同一個籃子裡。」
——英國格言

「資金就像風箏
——日本格言

「試著投資看看，金額再少都沒有關係。
光看書是不行的。」——巴菲特

「投

「一開始的虧損是最棒的虧損。」
——華爾街格言

10歲開始自己學
投資理財

股票、基金、債券、
獲利的重要觀念

監修 八木陽子（Kid's Money Station代表）
翻譯 李彥樺
審訂 張森凱（布萊恩兒童商學院創辦人）

前言——給家長

什麼是投資？
只是讓錢變多這麼單純嗎？

Kid's Money Station（兒童理財站）所定義的投資，
是「讓自己獲得幸福的同時，也能對社會有所貢獻的方法」，
希望能培養大家「找出認同的公司」的能力。

投資並非只是投資客、經營者這類特定人士增加金錢的方法，
它其實也是一種透過長時間的努力，讓社會變得更加富裕的方法。
找出自己認同的公司，長期持有這家公司的股票，
不僅可以成為該公司的經濟支柱，也可以為打造美好社會貢獻一己之力。

此外，透過投資教育，我們將引導孩子思考自己未來的職業和工作型態，
進而締造具有創造性的價值。
如此一來，他們將會為購買商品或服務的人帶來幸福，
並且促進公司發展及活化經濟。

我們總是告訴孩子，投資就像是對認同的公司澆水和施肥，
讓公司和金錢都能有所成長，這就好像種植蔬菜和水果一樣。

他們也將學會不對商品的價值變動和風險感到過度恐懼，
澈底明白如何培育金錢，
以及抱持正確的心態來看待風險。
投資的確有風險，但只要持續學習和累積經驗，
就能夠將風險控制在某種程度內。

隨著社會發展的多元化，
提前了解投資，必定能夠讓孩子的人生道路變得更加寬廣。
投資這門功課，越早開始越好。
本書將會說明理由。

我們相信投資教育能夠讓孩子的未來更加光明燦爛，
請讓孩子在本書的引導下，踏出投資的第一步。

——Kid's Money Station代表　八木陽子

目次

第2章 投資前該知道的事

目次

關於本書

- 本書的目的僅在於介紹和說明證券公司等金融機構所買賣的金融商品特徵，而非鼓勵投資或買賣任何一項金融商品。
- 本書並不包含個別金融商品的資訊。就算是相同名稱或相同種類的金融商品，也可能會因為買賣機構（如證券公司）有所不同，而出現細節上的差異。
- 雖然我們盡可能追求內容的完善，但無法保證資料絕對正確和完整。
- 投資和買賣金融商品時，務必向承辦的證券公司或其他金融機構確認買賣的內容細節。關於投資的一切抉擇，請自行判斷並承擔結果。

認識本書中教導投資知識的老師們

萬里老師

高柳萬里

學生時代沒有機會接受金錢教育，出社會後經常為了金錢問題傷透腦筋，深刻感受到金融知識的重要性，因此考取了理財規畫師的證照，希望透過親子工作坊和寫作，提升孩子們的金融知識。個人理念是「從實踐中學習，不陷入常識的窠臼」。

咩咩老師

八木陽子

Kid's Money Station代表。前往澳洲參訪金融素養課程的經驗，讓她體認到「必須將人生中至關重要的金錢教育介紹到日本」，並為此努力耕耘了10多年。期盼孩子們理解「金錢的功用」和「工作的重要性」，讓未來更加光明燦爛。

花花老師

Hana

日本技術分析師協會認證會員。有兩個女兒，從小學開始就教導她們投資股票。相信讓孩子從小熟悉投資，不僅對建立個人資產有幫助，而且將成為她們一生中最珍貴的財產。個人理念是「成為帥氣的有錢人」，致力於教導孩子投資魅力和實踐方法。

小雪老師

生井雪子

服務於金融機構，負責資產運用相關業務。因為工作的關係，領悟了「不具備金錢知識會吃虧」的道理，為了推廣金錢知識而成為Kid's Money Station認證講師。目標是讓更多孩子體會投資的樂趣。

咪子老師

MIE

在這個「人生百年時代」，每個人都必須具備金錢的相關知識。從小就感受到金融教育的重要性，並且認為投資不僅能夠讓個人的人生更加多采多姿，還可以讓進入少子高齡化的日本社會恢復活力。

以上這幾位老師都是Kid's Money Station認證講師

什麼是Kid's Money Station（兒童理財站）？

https://www.1kinsenkyouiku.com

從非現金支付制度的盛行，以及智慧型手機的普及，可以看出現代孩子的生活環境正以飛快的速度發生變化。Kid's Money Station 正是基於「希望讓置身在這種環境的孩子明白物資和金錢的重要性」這個理念而誕生的團體。在日本全國擁有約 300 名認證講師，經常配合各地方政府和學校舉辦金錢教育、職涯教育等相關授課和演講。直到2022年為止，已經舉辦超過1,400場的各種講座和活動。

第1章

什麼是投資？

- 投資的本質
- 股份公司與股票
- 共同基金
- 債券
- 自我投資

「投資」就是讓自己認同的公司變得更好，自己也變得更幸福！

投資能夠讓自己變得更幸福，同時對社會有所貢獻！

你知道「投資」是什麼意思嗎？簡單來說，投資就是「培育金錢，讓金錢在將來變多」。學校雖然會教我們很多有用的知識，卻很少教導「金錢的培育方法」。

以下針對投資的方法詳細說明。投資的實際做法，就是拿出金錢給自己想要支持的公司，換取這間公司部分的權益（股權），同時也幫助公司獲得成功。

自己想要支持的公司如果經營得好，就能夠創造出更棒的商品或服務，如此一來，整個社會也會變得更美好。當然，這間公司在經營成功的時候，也會把獲得的利益分配給當初出錢投資它的人。

換句話說，投資不僅有機會讓自己的金錢增加，還能夠對社會有所貢獻。投資和消費、儲蓄以及捐款一樣，是促進世界經濟成長的重要支柱。

咩咩老師的重點講座

「投資」有各種不同的作風

「投資」的方式五花八門，有些是以短期間獲得利益為目的，這種投資必須預測短期間內的商品價格變動。不過本書主要是介紹「長期投資」，也就是以長期持有為原則，期盼自己所投資的公司能夠持續成長。

投資就是培育金錢，讓金錢結出碩大的果實，就像培育水果或蔬菜一樣！

以「知識就是力量」這句格言聞名於世的英國哲學家、神學家兼政治家法蘭西斯．培根（Francis Bacon，1561～1626年），曾經說過：「金錢就像肥料，必須撒出去才能發揮作用。」意思就是說，我們應該利用金錢來挑戰各式各樣的事物。

舉例來說，一個人所擁有的資源有限，但如果集合一大群人的資源，就像把很多肥料撒在田裡面，或許就能培育出豐碩的水果或蔬菜。「投資」這個行為，尤其是投資公司的股票，就類似集合一大群人的力量，一起栽種水果或蔬菜。

大家一起種植蔬菜、種植水果，收成的時候大家平分，一起變得幸福，這就是「投資」的基本理念。大家的生活都富足了，自己的生活當然也會跟著變好。

但是，栽種蔬果最大的問題，就是有可能遇到颱風或乾旱。如果這種氣候不佳的日子又持續太久，蔬菜和水果當然沒有辦法長得很好。一旦遇到這樣的狀況，自己所「投資」的金錢就有可能變少。

幸好天底下沒有不會走的颱風，也沒有不會結束的乾旱。即使失敗了，只要不氣餒，持續使用各種不同的技巧來栽培水果和蔬菜，終究會有「收成」的一天。

其實這個觀念並不僅限於投資，所有的事情都一樣。因為我們沒有辦法預測未來，所以會對未來的風險感到不安。但如果不安的感覺太過強烈，使我們變得膽小，那實在是一件令人惋惜的事。

因此，我們需要學習和了解如何與不安（風險）和平相處，而要做到這一點，我們必須具備知識和智慧，並且累積足夠的經驗。

「股票」是一家公司為了募集資金而發行的東西。

股份公司為了推動想做的事情（事業），會向投資人募集資金！

發行「股票」的公司，我們稱為「股份公司」。當一家公司希望推動或擴大事業，而需要更多的資金時，會有幾個主要的解決辦法，例如：一、向銀行之類的金融機構借錢，但須負擔借貸產生的利息成本。二、將公司的部分股票賣給認同它理念或事業的投資人。如果這家公司採取第二種方法，就是「發行股票」。

當這家公司透過「發行股票」的方式，請廣大的投資人分別拿出一些錢來投資，就成為我們所說的「股份公司」。

投資人之所以購買這家公司的股票，通常是看好這個投資可以讓他們的財富累積。因為當這家公司在事業上獲得成功時，它的股票價值會水漲船高，而它賺了錢，會將利潤分給投資人，這些分出來的利潤我們就稱作「股利」。

小雪老師的重點講座

任何公司的股票都能夠自由買賣嗎？

只有證券交易所（詳細說明見第17頁）核可的公司，才可以自由買賣股票。而像這種由證券交易所認定可以自由買賣股票的公司，就稱作「上市公司」。

股份公司發行的「股票」，為什麼價格會起起伏伏？

股票的價格會因為供給和需求的變化而不斷改變！

當一家股份公司發行了股票，購買這些股票的人就稱作「股東」。股東之所以購買這家公司的股票，多半是因為認同這家公司的理念或事業，想要給予支持；但是當股東買了股票之後，也可能覺得公司的理念或事業跟當初不一樣了。

這個時候，股東可能會把這家公司的股票賣掉；相反的，也有可能因為公司的理念或事業發生變化，而出現新的投資人，為了支持這家公司，購買這家公司的股票。

有一個專門為想要買賣股票的人進行仲介的機構，稱作「證券交易所」。當某一家公司的股票有很多人想要買，價格就會因為供需平衡的關係而上漲；相反的，如果有很多人想要賣，價格就會下跌，所以股票的價格不是固定的，而是會不斷的發生變化。

咪子老師的重點講座

上市公司和上櫃公司有何不同？

「上市公司」是指證券交易所認定可以自由買賣股票的公司。「上櫃公司」也是可以自由買賣股票的公司，但是它的股票審核標準沒有上市公司那麼嚴格，許多中小型企業和新興產業公司都屬於這類，它的股票通常有比較高的成長性，但投資風險也會比較高。

「共同基金」就是向投資人募集大量資金，交給專家妥善運用！

就算資金不多，也可以購買共同基金，可說是相當適合理財初學者的投資方向！

準備購買股票時，必須先決定要買哪一家公司的股票，如果不知道要買哪一家的，也可以買「共同基金」，就是把錢交給投資專家（基金經理）幫你挑選股票和債券（詳細說明見下一頁），為你做最妥善的運用。

一檔「共同基金」其實包含了很多種不同的股票或債券，以股票型基金為例，只要買一檔「股票型共同基金」，就等於同時投資了好幾家公司。

「共同基金」是由專家挑選投資目標，所以很適合不知道該挑選哪一檔股票的投資初學者。除此之外，它也因為最低購買金額不高而受到歡迎，有些共同基金甚至每月只要1千元就能申購。

投資就像運動一樣，只要持續的累積經驗，便能越來越上手。也因此很多人開始學習投資時，會選擇最低購買金額較少的「共同基金」來累積經驗。

萬里老師的重點講座

共同基金有很多不同的種類

共同基金的種類相當多，例如有些共同基金只買賣美國公司的股票，有些共同基金以全世界具發展性的公司為投資目標，有些共同基金只對注重 SDGs（聯合國永續發展目標）的公司感興趣，還有一些共同基金的投資對象並非只有股票，還包含了債券和不動產。（詳細說明見第62頁）

投資的對象除了「股票」和「共同基金」之外，還有「債券」。

買債券就等於是把錢借給國家、地方政府或公司！

想要讓錢增加，除了買「股票」、「共同基金」之外，還可以買「債券」。

所謂的「債券」，簡單來說就是國家、地方政府或公司向投資人借錢的時候，所發行的證明文件。透過發行「債券」來借錢的國家、地方政府或公司，在專業術語上，我們稱為「發行機構」。

發行機構向投資人借錢，一開始會約定好還錢的日期。當這個日期一到，發行機構就有義務把錢還給投資人。

但如果只是把錢借出去又拿回來，錢並不會增加，對吧？為什麼買「債券」能夠讓錢增加呢？祕訣就在於「票面利息*」。投資人除了能夠在規定的日期把錢拿回來之外，借出錢的這段期間還能拿到事先約定好的利息，所以錢就會增加。

*票面利息：債券發行時，債券上所印的應付利率所算出來的利息。

花花老師的重點講座

債券和股票的差別

投資人不管是買股票還是買債券，都是向公司或國家之類的組織提供金錢，那麼這兩者有什麼不同呢？簡單來說，最大的不同就是買了股票的投資人可以成為那家公司的眾多「主人」之一，而債券只是把錢借給公司或國家而已。

股票、共同基金和債券之外，還有什麼投資工具？

以下介紹一些可以利用來增加金錢的代表性商品！

黃金

不容易受社會變遷影響的地球資源

黃金不僅可以拿來製作戒指、項鍊等裝飾品，也是一種擁有世界共通價值的投資商品。它最大的特色，就是比較不受世界局勢影響，所以當股價下跌的時候，很多人會改為購買黃金這種比較安全的資產。黃金在地球上的蘊含量有限，也因此被認為是具有高度價值的「實體資產」，自古以來從沒有發生過黃金變得毫無價值的狀況。

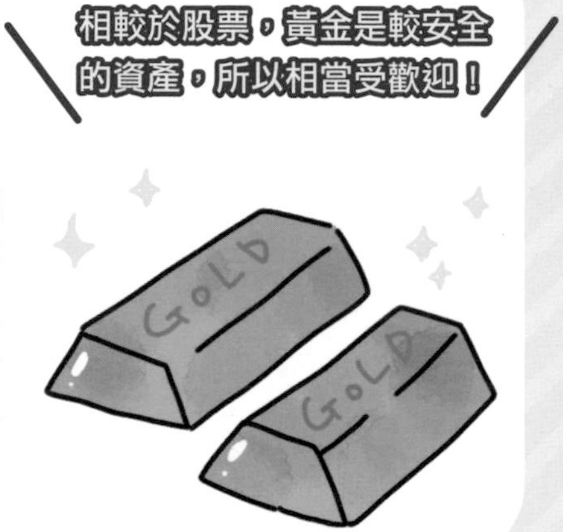
相較於股票，黃金是較安全
的資產，所以相當受歡迎！
GOLD
GOLD

投資的對象
只有建築物！

REIT

資金不多也可以投資不動產

REIT是一種拿投資人交付的資金來投資不動產，透過房租收入及買賣不動產來獲取利潤，再將利潤分配給投資人的金融商品，中文稱為「不動產投資共同基金」。這種金融商品誕生於美國，亞州則是日本最早推行。雖然名稱上屬於共同基金，但在性質上和股票比較接近，可以在證券交易所上市，所以能夠自由買賣。

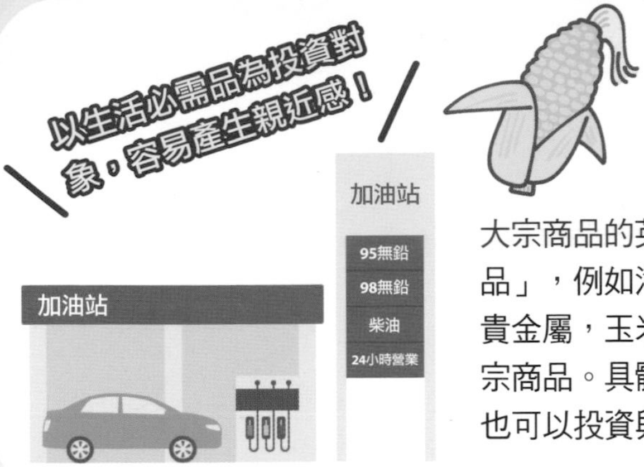
以生活必需品為投資對象，容易產生親近感！
加油站
95無鉛
98無鉛
柴油
24小時營業
加油站

大宗商品

足以影響物價的生活必需品

大宗商品的英文「Commodity」，原本的意思就是「商品」，例如汽油、原油之類的能源，黃金、白金之類的貴金屬，玉米、黃豆之類的農產品，都屬於可投資的大宗商品。具體的做法除了可以直接投資商品本身之外，也可以投資與它相關的共同基金。

外幣存款

用外國金錢來存錢

要注意匯率變動風險！

使用美金、歐元之類的外幣（外國金錢）來存錢，一樣可以拿到利息。這和用臺幣存錢最大的差別，在於存錢時會把臺幣換成外幣，領錢時則會把外幣換成臺幣，所以會受到匯率變動的影響。舉例來說，和存錢的時候相比，領錢的時候假如是「臺幣貶值」的狀態，獲利就會增加；但假如是「臺幣升值」的狀態，獲利就會減少，甚至虧錢。

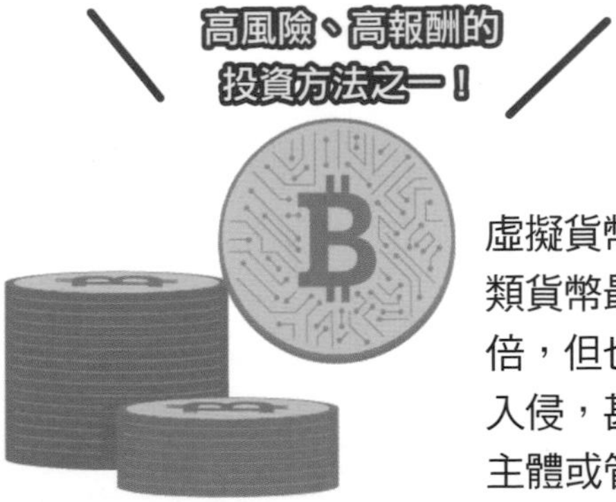
高風險、高報酬的投資方法之一！

虛擬貨幣

沒有實體的「想像中的錢」

虛擬貨幣指的是只能在網路上進行買賣的貨幣（金錢）。這類貨幣最大的特色，就是價值可能會在短時間之內上漲好幾倍，但也可能突然暴跌。如果交易所停止營運，或是遭駭客入侵，甚至可能完全領不出來。而因為沒有國家政府的發行主體或管理者，所以就算有所損失也得不到任何補償。

如果你只有10歲，最重要的投資應該是「自我投資」。

藉由努力獲得的謀生技能，
將成為你永遠不會失去的重要資產！

到目前為止，我們說明了「股票」、「共同基金」以及「債券」等增加金錢的代表性投資方法。但是如果你的年紀只有10歲，你最重要的投資其實應該是「自我投資」。

所謂自我投資，指的是事先想好希望自己5年或10年之後變成什麼樣子，然後朝那個方向持續努力。你應該盡量把時間花在追求自己感興趣的事情上，不要每天渾渾噩噩過日子，浪費寶貴的時間。現在的你如何運用眼前的時間，將會對你的未來造成非常巨大的影響。

雖然你還擁有非常多的時間，但是時間一旦流逝，沒有任何方法可以挽回。如果你能夠好好的珍惜時間，磨練你所感興趣的技能，一定能夠朝理想中的自己逐漸邁進。金錢雖然很重要，但是提升自己的能力更加重要。

咩咩老師的重點講座

投資包含了「有形的資產累積」以及「無形的資產累積」

累積有形的資產

比如購買你想要支持的公司的股票，這樣，當那家公司的事業經營成功，你就能分配到利潤。你的生活會變得更富有，而你支持的公司以及整個社會也會變得更加豐饒富裕。

累積自己的無形資產

指的是磨練自己的能力，提升自己的技能。不管你磨練出什麼樣的技能，它必定成為你永遠不會失去的重要資產。如果你只有10歲，這就是你最重要的投資。

小專欄

與投資有關的格言

〔① 了解什麼是投資？〕

不把雞蛋打破，就沒有辦法製作歐姆蛋。

流傳於華爾街的格言

想要製作歐姆蛋，必須先把雞蛋打破。同樣的道理，一個人如果想靠投資變富有，就不能不投資。這個格言告訴我們「付諸行動」的重要性。

試著投資看看，金額再少都沒有關係。光看書是不行的。

華倫．愛德華．巴菲特

Warren Edward Buffett（1930年～）
美國出身的投資人、經營者兼資產家。

巴菲特從11歲起就開始學習買賣股票。他在累積經驗的同時，也建立了一套屬於自己的成功定律，如這句格言告訴我們：「唯有身體力行才能帶來成功」。

賺錢的機會沒有捷徑。

流傳於日本的格言

這句格言是從「學問沒有捷徑」變化而來，意思是想要靠投資增加金錢，沒有辦法抄近路。投資就和讀書學習一樣，注重的是一步一腳印的努力和鑽研。例如，養成每天看新聞的習慣，掌握國內外的經濟動向和社會趨勢。

菲利普．亞瑟．費雪

Philip Arthur Fisher（1907～2004年）
美國出身的投資人。

費雪口中所說的「領域」，指的就是「投資」，而且是「長期投資」。關於長期投資的細節，將在第 2 章進行說明。

就我所知，沒有任何其他領域能夠以這麼簡單的方式獲取這麼大的利益。

第2章

投資前該知道的事

- 投資的刻板印象
- 風險的真面目
- 投資的風險
- 金錢的分配
- 長期投資
- 分散投資
- 投資的謊言
- 投資的健檢
- 投資的效果

靠投資來增加金錢，是不是很危險？

既然是未來的事情，有風險是理所當然的事！

我們在第1章已經說明過，所謂的「投資」，就是把金錢投入自己認同的公司，讓自己、公司和整個社會都變得更加幸福的行為。但很多人一定會擔心，如果自己認同的公司經營失敗，自己「投資」的錢是不是會減少？會這樣擔憂，是理所當然的事，畢竟沒有人希望自己的錢變少。

但是，未來會發生什麼事，沒有人能夠預測。當然也沒有人能夠保證，你「投資」的公司一定經營順利。只不過這種沒有辦法預測的未來，並非僅限於「投資」而已。譬如，如果發生大地震，該怎麼辦？如果騎腳踏車摔倒，該怎麼辦？如果校外教學因為下雨而取消，該怎麼辦？

沒有人知道未來將發生什麼事，正因為風險無所不在，所以我們必須學會與風險和平相處。只要有未雨綢繆的觀念，就不必對風險過度的恐懼。

萬里老師的重點講座

「因為害怕投資風險，所以把錢存在銀行裡」，真的比較安全嗎？

「因為害怕投資風險，所以把錢存在銀行裡」，這樣的想法其實不算錯，但是存錢並不表示絕對的獲利。像現在（2024年）臺灣主要銀行的一般存款利率為0.7%，經濟成長率預估約有3.15%。相較於世界經濟成長率預估的2.4%，臺灣經濟成長率明顯高了一些。經濟成長率高，代表很多公司都有獲利，如果只是把錢放在銀行，存款價值和效率不就沒那麼好了嗎？

靠著增加知識和累積經驗，可以降低投資風險！

風險有多大，獲利就有多大！

風險有兩種類型：「容易掌控的風險」和「不容易掌控的風險」。舉例來說，現代的最新科技還沒有辦法預測大地震，我們只能在大地震發生時，將災害降到最低，所以大地震屬於「不容易掌控的風險」。

相較之下，騎腳踏車摔倒的風險可以靠著「多練習騎」和「避免經過危險路段」來降低，所以是屬於「容易掌控的風險」。同樣的道理，投資的風險也是一種「容易掌控的風險」。

那麼，到底該怎麼做才能降低投資的風險呢？其實最重要的，就是學習關於投資的知識，讓自己在投資的時候可以做出正確的判斷。此外，累積投資的經驗也很重要。這麼一來，我們就能夠在某種程度上掌控投資的風險。

實際上，風險越高的投資，獲得利益的機會也越高。如何抓住隱藏在風險之中的機會，就是我們要學習的事。

花花老師的重點講座

想要對風險無所畏懼，就得做好事前的準備！

風險的真面目，其實就是未來的不確定性。想要與風險和平相處，事前的準備是最重要的事。自己一定要先想清楚，未來可能會有什麼樣的風險，並且確實做好準備。這樣，當你判斷一項投資具有獲利的機會時，就可以挑戰看看。為了讓自己的人生更加多采多姿，記得一定要鼓起勇氣面對風險。

在投資上「面對風險的心態」與面對日常生活中的風險完全不同。

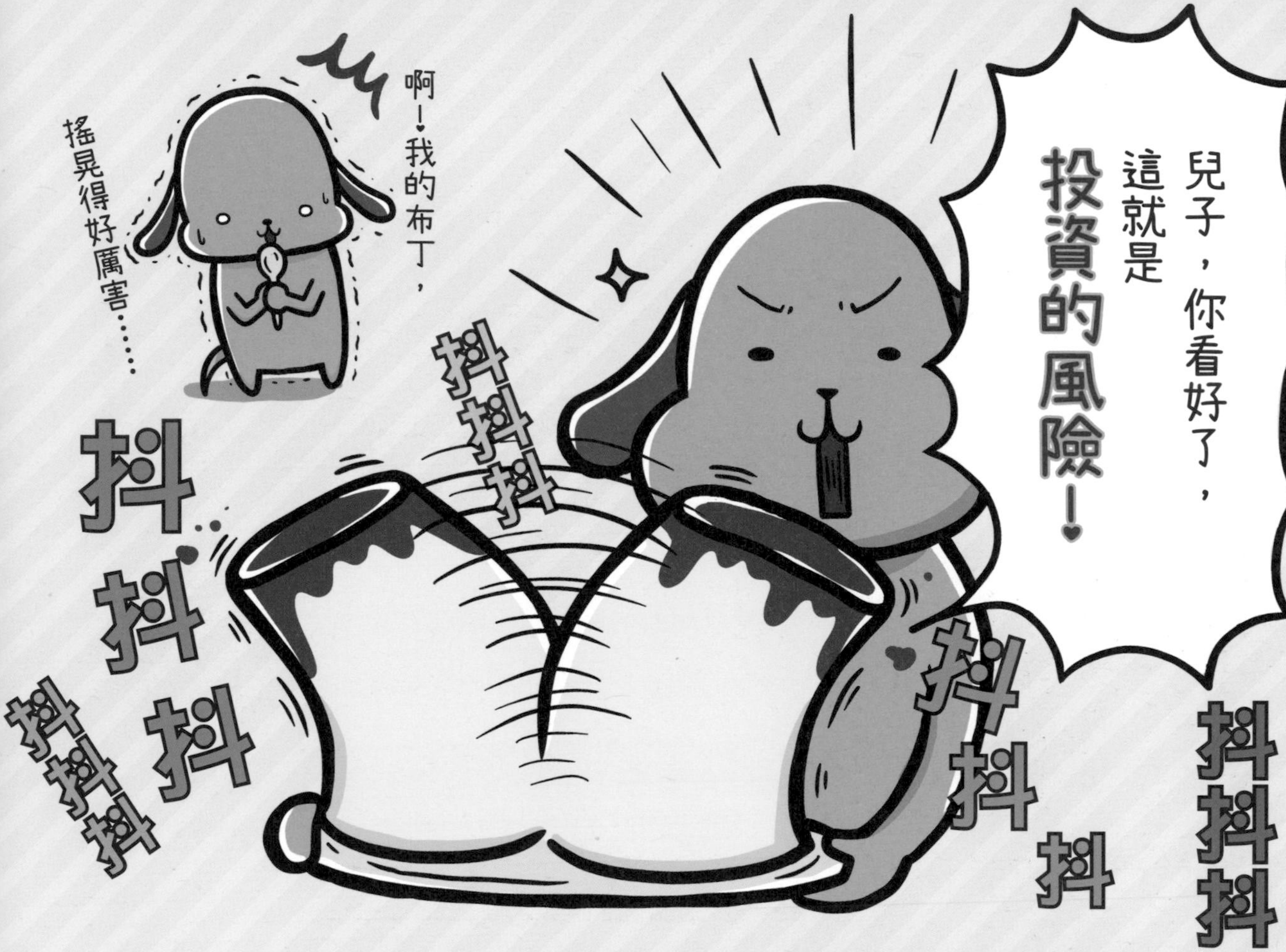
兒子，你看好了，這就是投資的風險！
啊！我的布丁，搖晃得好厲害……
抖抖抖
抖
抖
抖
抖抖抖
抖
抖
抖
抖抖抖

在投資的世界裡，風險並不等於危險，而是「報酬的變動幅度」！

投資的世界裡所稱的「風險」，在意義上與我們日常生活中那些「應該要避免的危險」有點不太一樣。

投資「風險」真正的意思，是「投資結果的不穩定性」。因為投資的結果有可能賺錢，也有可能賠錢，也就是說投資世界裡的「風險」，定義上並非只是股價下跌或其他狀況所造成的金錢虧損，而是獲利的上下變動起伏，都屬於「風險」的範圍。

說得更明白一點，股票的價格上升也是一種「風險」。因為股價能夠上升多少，就代表它也可能下跌多少。

在投資的世界裡，「高風險」的意思是「可能獲利很多，但也可能虧損很多」。相反的，「低風險」的意思就是「可能獲利很少，但虧損相對也會比較少」。

「風險」與「報酬」的關係

「風險」與「報酬」是投資人最在意的兩件事，而它們其實息息相關，相互依存。「報酬」的意思是投資的獲利，它與「風險」成正比。換句話說，當我們把風險壓低的時候，報酬也會降低；如果想要獲得高報酬，風險自然也會升高。這世界上並不存在低風險但是高報酬的投資方法（詳細說明見第42～43頁）。

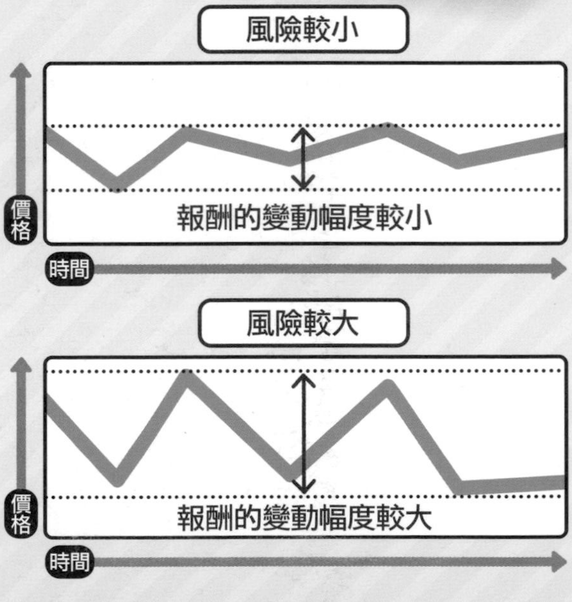

深入思考

報酬出現變動幅度的原因

風險和報酬的變動幅度到底是怎麼產生的？以下舉出6個代表性的理由加以說明。

價格變動風險

所有的投資商品一定都會有價格變動風險。股票和債券的價格，會受到公司業績、政治和經濟局勢的影響，因此隨時可能發生變化。這種風險有可能提升投資的獲利，也有可能造成虧損。

信用風險

不管是發行股票的公司，還是發行債券的國家，可信賴度都有可能發生變化，例如：公司可能會破產，國家可能會發生財政危機，以致於沒有辦法歸還本金或支付利息。發生這種情況英文稱作「Default Risk」，也就是「違約風險」。

利率變動風險

這種風險主要是對債券造成影響。債券的利率在我們購買時就已經決定了，雖然在到期日（規定必須償還本金的日期）前也可以把債券賣掉，但賣掉時的市場利率如果比較高，債券的價格就會下滑。這是因為比起之前發行的舊債券，新發行的債券擁有更高利率的關係。

匯率變動風險

如果是使用外幣進行交易，就會受到匯率變動的影響。例如和投資的時候相比，臺幣如果貶值，就會從匯差獲得利益，金錢就會增加；相反的，臺幣如果升值，就會蒙受匯差損失，金錢自然就減少。

流動性風險

如果市場規模較小，或是某一檔股票、債券的交易量太小，有可能會發生想要買賣卻無法完成交易，或是價格極度不穩定的狀況。一般來說，較不受歡迎的商品，或新興國家的股票、債券，比較容易產生這種風險。

國家風險

假如是投資外國的股票或債券，該國的信用風險如何也會對投資造成影響，例如：國家的可信度下降，商品的價格可能也會下降。此外，政治和經濟局勢的改變，也可能會造成市場混亂，或交易條件出現新的限制。

不建議把所有的錢都拿來投資。

投資的第一步，就是提升金錢的管理能力！

我們非常不建議你把自己所有的錢都拿來「投資」。雖然投資的風險算是比較容易掌控的風險，但未來會發生什麼事，沒有人知道。也許會遭遇意料之外的金融海嘯，導致自己投資的公司業績大幅惡化……為了預防這種狀況發生，一定要確實做好金錢的分配。但這對10歲的你來說就有點困難了。

現在的你能夠馬上做到的事，就是「管理好自己的零用錢」。首先，把你的零用錢分成4份，分別放在4個存錢筒裡，並區分為「要存下來的錢」、「自己要用的錢」、「要用在他人身上的錢」，以及「要拿來讓錢變多的錢」。

當你把錢分成4份，同時也擬訂好「用錢的計畫」，才算是真正在管理金錢。只要你持續練習將零用錢分成4份，並依照計畫使用，將來你也可以成為一個懂得管理金錢的人。

咩咩老師的重點講座

4個存錢筒的詳細說明

「要存下來的錢」指的是目前不打算使用，準備存下來的錢。也許努力存錢幾個月，就能買到自己想要的東西呢！「自己要用的錢」是為了購買自己真正需要的東西而預備的錢。「要用在他人身上的錢」是預留可能的捐款，或為重要的人買生日禮物等的錢。「要拿來讓錢變多的錢」就是投資要用的錢了。

你一定要知道的風險掌控法 ❶

長期投資。

買了之後
不要馬上賣掉！
耐心等待，
讓時間幫你賺錢！

聽著，放越久才會越香喔！
心癢不已
1997年的投資
2000年的投資
2024年的投資

價格容易變動的商品，如果在短時間內買了又賣，報酬的變動幅度一定會相當大。但如果把持有時間拉長到10年、20年甚至是30年，變動幅度通常就會縮小。換句話說，只要抱持著「長期投資」的心態，就可以期待穩定獲利。除此之外，「長期投資」還有許多其他的優點。

第一、能夠獲得複利效果。這一點相當重要，我們將在第48頁詳細說明。第二、可以獲得大量股利或股東限定的好處。尤其持有商品的時間越長，獲得好處的次數也就越多。第三、能夠降低買賣成本。有些商品在購買和賣出時都必須支付手續費，因此買賣的次數越少，當然就越省錢。第四、不用隨時注意價格變動。以長遠的眼光來看，商品在一天裡的價格變動其實相當少，長期持有的話，心情就不會因為每天的價格變動而起起伏伏，也就能夠專心做其他的事情。

咪子老師的重點講座

長期投資雖然有很多優點，但也不是沒有缺點

第一、需要花很長的時間才能確定報酬。只有在投資結束（賣掉投資商品）的時候，才能獲得投資的成果，所以需要長期的耐心等候。第二、不見得一定能夠獲利。雖然長期投資能夠大幅的降低風險，但並不代表一定能夠成功。這就好像每個人都能夠大致想像到明天的狀況，但是數十年後的狀況就很難預料了。因此我們必須確實做到後面會介紹的「分散風險」和「投資健檢」，而且在選擇投資對象的時候要非常謹慎。

你一定要知道的風險掌控法 ❷

投資時要將資產、地區和時間分散開來。

不要把全部的錢投資在相同的商品上，應該要選擇多種商品，每一種都買一點！

如果花很多錢購買同一種商品，後來這商品的價格卻大幅下跌，自己想必會承受龐大的損失。為了避免發生這種狀況，我們應該採取「分散投資」的方式，也就是將投資的商品、時期等分散開來，才能穩定的獲得報酬。分散投資的做法有以下三個方向：

第一、「資產分散」，就是將股票、債券等數種價格變動互不影響的商品組合在一起。第二、「地區分散」，將不同地區和使用不同貨幣的數種商品組合在一起。例如國內商品搭配國外商品，國外商品再區分先進國家和新興國家。第三、「時間分散」，就是商品不一次全部購買，改不同時間分多次購買。最重要的是三個方向並非只擇其一，而是都得採納再加以組合搭配。此外，造成商品價格變動的原因很多，可能是利率，也可能是匯率或社會局勢；想要澈底發揮分散投資的效果，就必須清楚價格變動的原因。

建立投資組合

以分散投資為目的的投資商品組合，專業術語就稱作「投資組合（Portfolio）」。評估該買哪一些共同基金或股票，以及該買多少，則稱作「建立投資組合」。用圓餅圖來看，應該會比較好理解。建立投資組合的時候，我們必須評估很多事情，例如未來想過什麼樣的人生，以及可以接受多大的風險等。

投資組合的例子

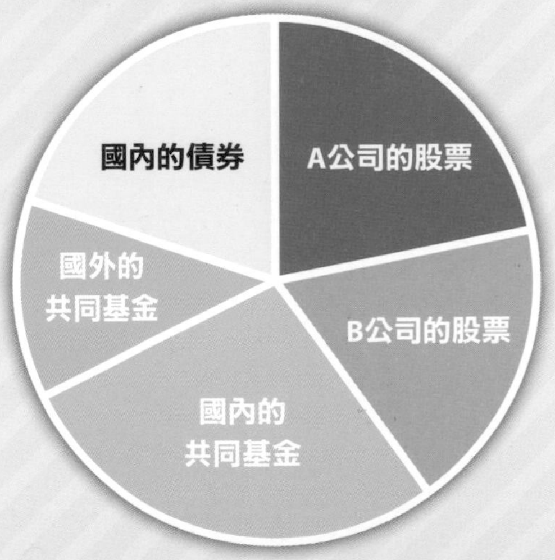
國內的債券
A公司的股票
國外的
共同基金
B公司的股票
國內的
共同基金

注意！世界上絕對沒有「零風險、高報酬」的投資方法。

絕對別被壞人的花言巧語給騙了！只要有人告訴你「某種投資完全沒有風險，而且獲利相當高」，那絕對是騙人的！

在這一章裡，我們說明了投資的風險，以及盡可能掌握風險的方法。也許你會想：那就多買一些沒有風險但是獲利很高的投資商品，不就可以輕易賺大錢了嗎？但是我們要提醒你，如果有人對你說有這樣的商品或投資方法，那個人絕對是騙子，也就是所謂的「詐騙集團」。

我們在第33頁已經說明過，在投資的世界裡，「風險」與「報酬」基本上一定是成正比。例如：把錢存在銀行，一般來說就是低風險、低報酬的投資方法。相較之下，買股票則是風險和報酬都比較高的投資方法。

若以投資的做法來看，短期投資會比長期投資更偏向高風險、高報酬；集中投資也會比分散投資更偏向高風險、高報酬。但不管哪一種方法，絕對不會有「零風險、高報酬」的狀況，這點要牢牢記住。

小雪老師的重點講座

投資一定要腳踏實地慢慢來

短期投資和集中投資因為具有高風險、高報酬的特性，有可能在短時間之內賺到非常多錢，所以在某些人眼裡是相當吸引人的投資方法。只要確實理解「虧損的機率也很高」，要做短期投資或集中投資都是個人的自由。但是本書的目標，是希望你能藉由投資擁有更多采多姿的人生，所以並不建議你採取這種高風險的做法。我們還是比較鼓勵以長期投資和分散投資的方式，盡可能的掌控風險，腳踏實地的靠投資獲取金錢。

定期進行「投資健檢」非常重要！

人要定期接受「健康檢查」，投資也一樣！

為了健康，我們最好定期做健康檢查，投資也一樣。每隔半年到一年，就應該好好檢查自己所投資的股票或共同基金的狀況。

除了確認數值的變化之外，如果投資的是股票，還要確認投資公司的經營理念和經營計畫是否有所改變。另外，也要仔細檢視整個投資組合是否依然維持平衡。如果發現狀況和當初投資時的預期相差太遠，就要考慮將投資商品賣掉。

那麼，投資健檢的時候要採用什麼樣的原則？決定一項商品該不該留下這方面的判斷，只能仰賴經驗的累積。投資的經驗越豐富，健檢的能力就會越強，所以一定要早點開始投資，早點開始累積經驗。

在投資這個行為上，「知識」雖然很重要，但是「經驗」也是相當重要的武器。

萬里老師的重點講座

不建議太頻繁檢視投資狀況

雖然「投資健檢」相當重要，但是我們不建議太頻繁的檢視。如果每天滿腦子都想著投資的事，甚至每隔幾小時就要確認一次漲跌，生活完全離不開投資，這樣的人生談不上幸福。原則上我們建議的投資是長期投資，所以「投資健檢」只要每隔半年到一年進行一次就行了。

投資能夠增強好奇心和拓展視野。

或許在不知不覺中，會變成一個超喜歡學習的人！

當電視新聞播報「外國某間超市倒閉」的消息時，有多少人會去注意？大多數的人對於和自己無關的事情都沒有興趣，對吧？但是對於投資人來說，世界上很多事情都可能和自己有關。

正因為可能有關，所以就會對那些事情特別關注。當你開始對各種事物抱持著關注的態度時，就會有很多過去沒有注意到的新發現。

開始投資之後，慢慢的，一些過去你不會感興趣的新聞，可能都會讓你開始思考它背後的意義，而且知道得越多，好奇心就會越旺盛。

一個原本很討厭學習的人，或許就因為開始投資而變得喜歡學習呢！投資會讓視野變得越來越寬廣，而寬廣的視野能夠為你的人生帶來更多的可能性。

花花老師的重點講座

投資會讓你變得喜歡看新聞

如果你跟著家人一起學習投資，你可能會越來越喜歡看新聞節目唷！因為投資會將你和整個社會聯繫在一起，讓你對整個世界的運作感到好奇。每一則新聞背後都可以推測出很多現象，當你有了這樣的體驗之後，就會對新聞節目感到有興趣，甚至樂在其中了。

這麼多好處

我們在第2章談了許多關於風險的話題，
但其實投資雖然有風險，卻也有非常多好處呢！

好處 1 能夠感受到複利的力量

在一般投資人眼裡，投資最大的魅力就是能夠澈底發揮「複利效果」。所謂複利，就是透過投資獲得的利益或利息，也能夠用來產生利益或利息。就好像滾雪球一樣，報酬本身也能帶來報酬，讓獲利以驚人的速度增加。複利的效果有多驚人？就連20世紀最偉大的物理學家愛因斯坦，也曾說過複利是「人類最偉大的發明」、「全宇宙最偉大的力量」。

另外，有一點你一定要牢記在心，那就是「等待的時間越長，複利的效果就越大」。因此，投資「越早開始越好、持續越久越好」。你應該要趁著人生還有非常多時間的現在，趕緊開始投資，才能獲得複利的最大效果。

〔複利效果示意圖〕

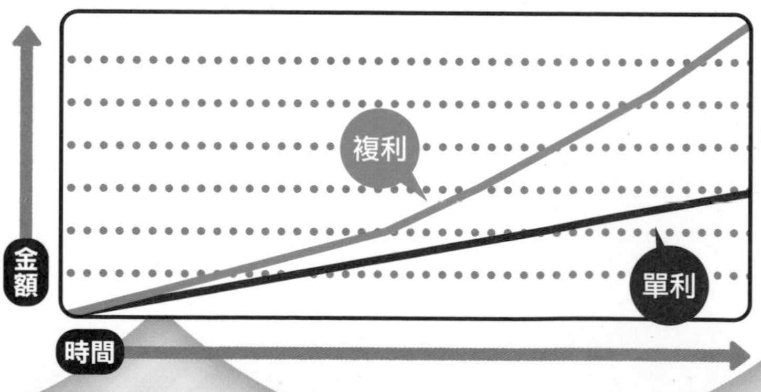

投資能為你帶來

好處2 能學會如何管理金錢

我們在前面曾經說過，要當一個高明的投資人，必須要學會決定投資資金的比例，以及建立投資組合。這也表示你必須要思考應該從零用錢中拿出多少錢來，放進你為了「要拿來讓錢變多的錢」所準備的存錢筒裡，並且決定要從這個存錢筒裡拿出多少錢，來購買什麼樣的投資商品。透過這樣持續不斷的練習，你管理金錢的能力將會越來越強（詳細說明見第36～37頁）。

好處3 能夠發現很棒的公司

要拿自己寶貴的金錢來投資哪一家公司，是一個很重要的問題。因此當你開始學習投資之後，你會認真尋找哪一家公司能夠解決社會問題？哪一家公司能夠為所有的人帶來幸福？哪一家公司做的是真正有意義的事情？

這麼一來，你會開始思考將來想要進什麼樣的公司，想要做什麼樣的工作？或是想要創立什麼樣的公司，提供什麼樣的商品或服務？你會去想像自己的職業，想像如何運用自己的專長，讓所有人都露出幸福的笑容！當你開始有這樣的思考和想像之後，你就會非常期待將來出社會工作的日子了。

這麼多好處

接下來我們介紹的是只有投資股票、
成為股東的人，才能體會到的好處！
選擇投資股票，往往必須付出更龐大的投資金額，
但有時也會獲得更多好處。

好處 1 能夠成為公司的股東

就算你還未成年，只要你成為股份公司的股東，就能夠參加每年一次的「股東大會」。「股東大會」是決定公司經營等相關重要事務的會議，可說是股份公司最重要的決策會議。雖然近幾年有些公司會以網路直播的方式召開股東大會，但畢竟還是有機會與大公司的經營者直接對談。或許你在參加之前可以先想想看，有什麼想要對經營者提出的建議？

另外，股東還擁有「決議權」，也就是當股東大會進行投票的時候，所有的股東都可以參與投票，即使只有一票，也可能改變一家大公司的未來。因此我們更應該對公司的各種活動和社會的運作機制抱持著關心的態度，養成「如果我是經營者會怎麼做」的思考習慣。

或許能夠遇到這樣的事情♡股東大會的樂趣

剛抵達時：公司的高層主管或許會站在紅地毯的兩側迎接。
開會期間：在提問時間裡，或許有機會向經營者提出問題或表達自己的意見。
結 束 時：會場會準備餐點或蛋糕之類的茶點。不僅會有公司職員負責招呼，也有機會與經營者或董事直接交談。
離 去 時：能夠領到紀念品。

投資能為你帶來

好處2 能夠領取「股東福利」

所謂的「股東福利」，指的是股份公司贈送給股東的「贈品」或者說「紀念品」。這些紀念品多數是精挑細選的美觀又實用的餐具、杯子、購物袋或保鮮盒等，但也可能是那一家公司的商品或禮券。有些公司的「股東福利」會依照持有股票的數量及持有的時間而改變內容物或數量，所以最好事先到該公司官網確定自己有沒有資格領取「股東紀念品」。

那麼，為什麼會有「股東福利」這樣的制度呢？這對股東來說當然是好事，但是對公司來說不是多一筆開銷嗎？表面上是如此沒錯，但是一家股份公司需要仰賴股東的支持，為了答謝股東的支持，以及希望股東能踴躍出席股東大會，利用股東大會發放「紀念品」便成了一種固定模式，而拿到特別的紀念品也成了股東的一種期待。當然，股份公司也希望能藉此吸引到更多的投資人。

讓挑選公司變得更快樂♪
──各種股東福利──

★聯電 ➡ UMC x 咖波聯名限定永續隨行杯

★富采 ➡ 黃阿瑪的後宮生活聯名帆布袋

★中鋼 ➡ 抗菌多功能不鏽鋼砧板組

★宏達電 ➡HTC雙面抗UV機能帽PLUS乙頂

★正隆 ➡ 春風三層抽取式廚紙一串

★友達 ➡ 臺灣產製真空包裝白米600公克

★技嘉 ➡ 天然麻布包心手提袋兩入組

※以上為2024年5月的股東福利內容，今後可能會再變更。

除此之外，還有各式各樣的股東福利，自己研究看看吧！

與投資有關的格言

〔② 投資之前的預備知識〕

資金就像風箏線，絕對不能放盡。

流傳於日本的格言

風箏線如果全部放盡，操控起來就會不夠靈活。同樣的道理，投資的時候也不能一口氣投入全部的資金。

一個優秀的投資者，
除了要擁有創造報酬的能力，
還要擁有同樣高明的風險掌控能力。

霍華德・馬克斯
Howard Marks（1946年～）
美國出身的投資人、作家。

投資人不能只是想著「哪一檔股票會漲」？而是除了具備獲取利益的知識之外，還要學習控制損失的知識。

會忍才是搖錢樹。

流傳於日本的格言

這句格言強調的是長期投資的重要性。投資時，不能因為短時間的價格波動而心慌意亂，應該要耐心等候公司成長。只要願意等待，一定能夠獲得可觀的報酬。

流傳於英國的格言

這句格言強調的是分散投資的重要性。如果把易碎的雞蛋全部放在同一個籃子裡，萬一不小心把籃子摔在地上，雞蛋就會全部破光。同理，集中投資在價格下跌時，會遭受到相當大的損失。

不能把所有的雞蛋都放在同一個籃子裡。

第3章

實際投資看看吧！

- 投資的起步方法
- 投資標的的挑選方法
- 定期投資

和家人一起
購買股票或共同基金吧！

證券公司的實體營業據點

證券公司的網路服務

必須先到證券公司
開設一個投資用的交易帳戶！

投資的第一步，就是要到「證券公司」開設帳戶。所謂證券公司，對投資人來說就像是一種服務窗口，可以協助我們購買股票或其他金融商品。開戶的方式有兩種，一種是到證券公司的實體營業據點，由證券公司的僱員協助開戶，另一種則是透過證券公司的網路服務，在網路上開戶。

不過，如果你還未成年，就不能選擇線上開戶，必須由監護人陪同你到證券公司開戶。除此之外，每一家證券公司的開戶條件都不一樣，最好先到證券公司的官網上確認清楚。等你開戶完成，就可以開始買賣股票或共同基金，但在實際操作之前，一定要先問過家人的意見，請家人在旁協助。

由於股票買賣仍需從銀行帳戶扣款，所以也必須事先開好銀行帳戶。如果你一開始還不想投資股票，也可以直接用銀行帳戶購買其他金融商品。

開始投資的5個步驟

步驟 ①

在證券公司開戶

→

步驟 ②～④

- ▶在帳戶裡存入資金
- ▶挑選投資標的
- ▶購買

→

步驟 ⑤

下單（完成）

※買賣投資商品有一些詳細的規則（法律條文），而且每一家證券公司的做法都不太一樣，一定要事先確認清楚。

※購買投資商品的時候，除了商品本身的費用之外，通常還必須負擔購買手續費或管理費，購買之前一定要先確認清楚。

如何挑選投資標的？最重要的是建立一套自己的規則。

仔細想清楚，
建立一套屬於自己的挑選規則！

當我們開始投資，我們所購買的股票或共同基金就稱為「投資標的」。前面已經提過，證券交易所認定可以自由買賣股票的公司叫做上市公司。

臺灣去年的上市公司有九百九十七家，加上上櫃公司（詳細說明見第17頁）發行的股票，去年投資人就有一千八百多種股票可以選擇，至於共同基金則有約一千零三十三檔。這麼多「投資標的」，真是令人煩惱，到底該怎麼選擇呢？

從下一頁開始，我們將針對股票和共同基金，分別介紹它們作為投資標的的挑選方法。不過你只要把這些方法當作參考就好，重要的是你應該學會思考，找到最適合自己的挑選方法。

為什麼呢？因為用來投資的錢，是你自己的錢，你必須自己思考要把錢投資在什麼地方，不管投資的結果是賺錢還是賠錢，都不可以怪別人。

咪子老師的重點講座

可以購買證券公司或朋友推薦的投資標的嗎？

不管是證券公司的專家，還是非常要好的朋友，甚至是社群媒體或網站，只要是別人推薦的投資標的，一定要自己調查過，再決定要不要購買。這就像我們不會輕易的把自己的東西借給不認識的人使用，同樣的道理，我們也不能因為別人的推薦，就輕易的把自己的錢投資在不熟悉的投資標的上。

各種投資標的的挑選方法

以下我們將介紹一些方法，讓你從眾多上市公司裡，順利找出「想要成為股東」的公司。你可以只用其中一種方法，也可以每一種都試試看。

挑選方法 1 研究自己喜歡或較常接觸的商品或服務

如果你很喜歡某家公司生產的零食或玩具，你很可能會想要支持這家公司，對吧？當然你也可以依興趣來選擇，例如你喜歡音樂，就挑選生產樂器的公司；喜歡運動，就挑選生產體育用品或經營運動設施的公司。

此外，你也可以從日常生活中經常接觸的商品或服務來挑選，例如學校所使用的文具或教材的製造公司，或是你經常光顧的餐廳、主題樂園或服飾店等公司。總而言之，先從平常較熟悉的公司開始，研究一下那是什麼樣的公司吧！

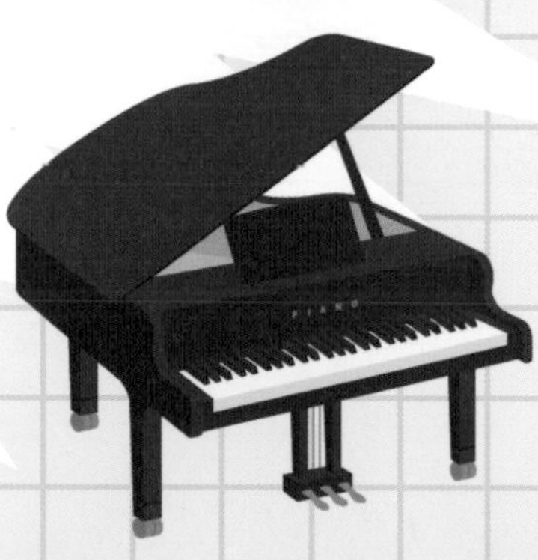

挑選方法 2 觀察公司的商標

一家公司所設計的註冊商標，通常會透露出這家公司的「經營理念」和「想法」。不管是商標的顏色還是形狀，都會有它想要表達的含義，所以研究一家公司設計商標的理由，以及它想要傳達的精神，有助於我們理解這家公司的內涵。

挑選方法 3 研究公司正在挑戰的事情

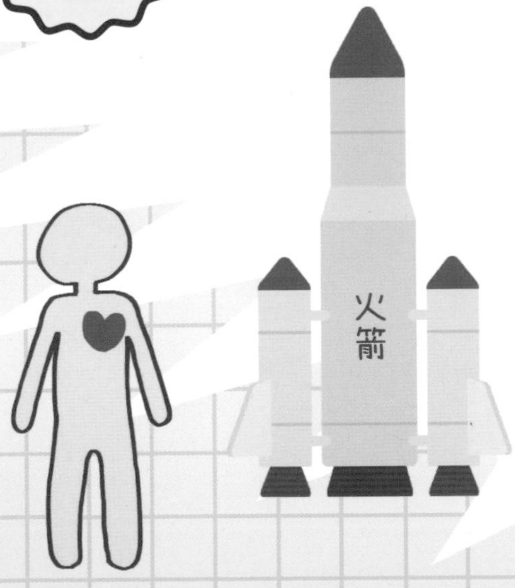

尋找擁有挑戰精神的新興公司也是一個好方法，例如有些公司正在研發每個人都會用到的商品，或是提供世界上正在流行的服務。這些公司可能會為社會解決難題，或是擁有獨特的創意，勇於挑戰夢想。支持這樣的公司，不是一件很令人興奮的事嗎？或許你的投資會對飛行汽車、太空旅行或再生醫療的發展帶來幫助呢！

挑選方法 4 了解公司過去的成果

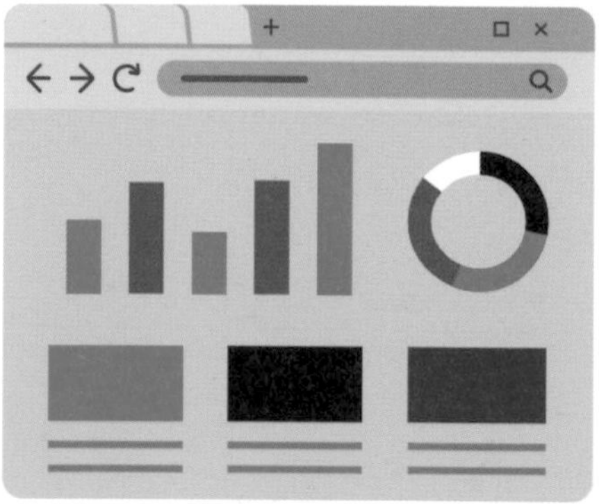

一家上市公司的官網通常會有「關於我們」、「投資人關係」或「給投資人的話」等內容，裡頭會有許多給公司股東或考慮投資該公司的投資人了解的資訊，例如：股價資訊、財務資訊、股東問答、股東會資料等。近年來有些公司還會將想要提供給投資人的資訊製作成YouTube影片，都可以藉此了解這家公司的經營成果。

挑選方法 5 實際使用看看該公司的商品或服務

直接到那家公司經營的門市裡，試用看看他們的商品或服務，也是一個好方法。透過這個方式，可以觀察到一家公司是以什麼做法來滿足他們的客群，進而創造利益並貢獻社會。此外也可以同時比較好幾家處於競爭關係的公司，例如同樣是便利商店的全家、7-ELEVEN和萊爾富。

挑選方法6 檢視實際的股價走勢圖

「股價走勢圖」是顯示股票價格變化的統計圖，可以用來確認現在的股價高低，以及預測未來的股價變動趨勢。詳細的股價走勢圖分析技巧對你來說還太難，我們就不深入介紹，這邊只教你一個看圖的重點，就是看走勢圖的線，在高高低低的狀況下，是不是往右邊逐漸升高？如果是的話，代表股價雖然起伏不定，但大致還是逐漸上升的狀態。

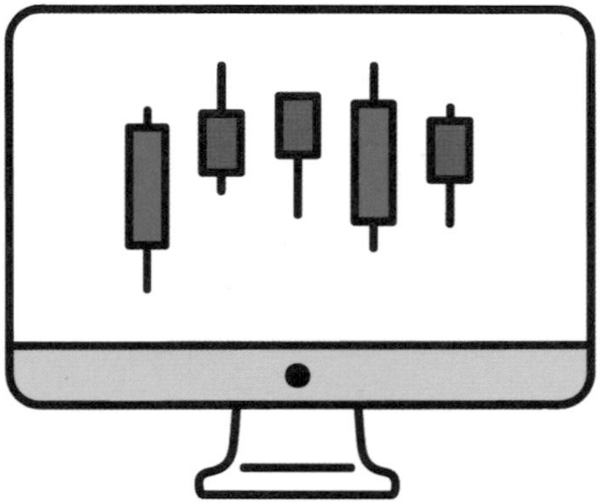

如果有哪一家公司讓你很感動，
或是你真心希望哪一家公司
「再加點油」，
你可以成為那家公司的股東，
幫助他們改變這個社會，
甚至是改變整個世界。
咩咩老師

各種投資標的的挑選方法

接下來將介紹如何從眾多共同基金中挑選投資標的。
只要認真查資料，並且仔細思考，
你一定能夠找到「想要把錢交給他們」的共同基金。
不過，購買和持有共同基金通常要支付各種手續費，
一定要事先確認清楚喔！

挑選方法 1 根據主題或投資對象挑選

共同基金的種類很多，每一檔的主題都不太一樣，你可以從中挑選自己感興趣的主題。

如果你很希望「改善地球環境」，你可以尋找這個主題的共同基金，或者你可以根據投資的對象來挑選，例如挑選以美國或日本等你想要支持的國家為投資對象的共同基金；又或者根據投資的種類來挑選，例如只投資股票的共同基金、只投資不動產的共同基金，或是什麼都投資的共同基金。

挑選方法 2 從指數型基金中挑選

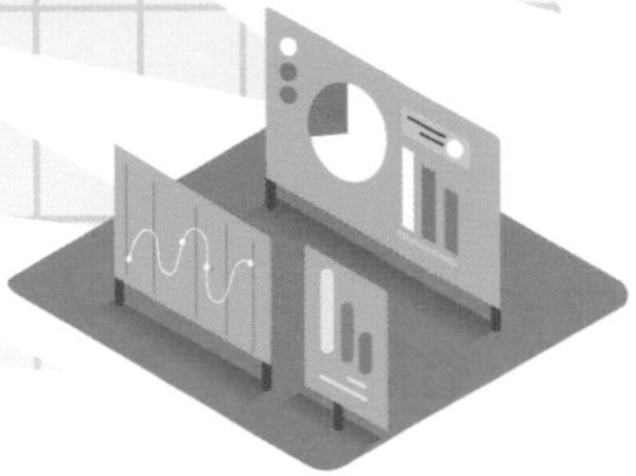

指數型基金中的指數，代表特定市場及資產的整體表現；指數型基金就是跟隨該指數漲跌為目標的基金。市場上主要的股票指數有全球的 MSCI 世界指數、美國的標準普爾 500 指數和納斯達克指數，還有臺灣加權指數以及日本的日經 225 指數等，只要觀察這些指數變化並投資這些指數基金，就可以參與及了解指數所對應市場的狀況。

挑選方法 3 債券型與股票型基金均挑選

債券型基金顧名思義就是以債券為投資對象的一種基金，這種基金因為會固定配息，所以也稱為「固定收益型基金」。股票型基金則是把錢投資在股票上的基金，由於股市的漲跌波動變化較大，這種基金的波動也會比較大，也就是它可能投資報酬率很高，但也可能損失比較大，所以建議兩種基金各投資一定比例來分散風險。

定期投資是較能感受到時間分散效果的基金投資方法之一。

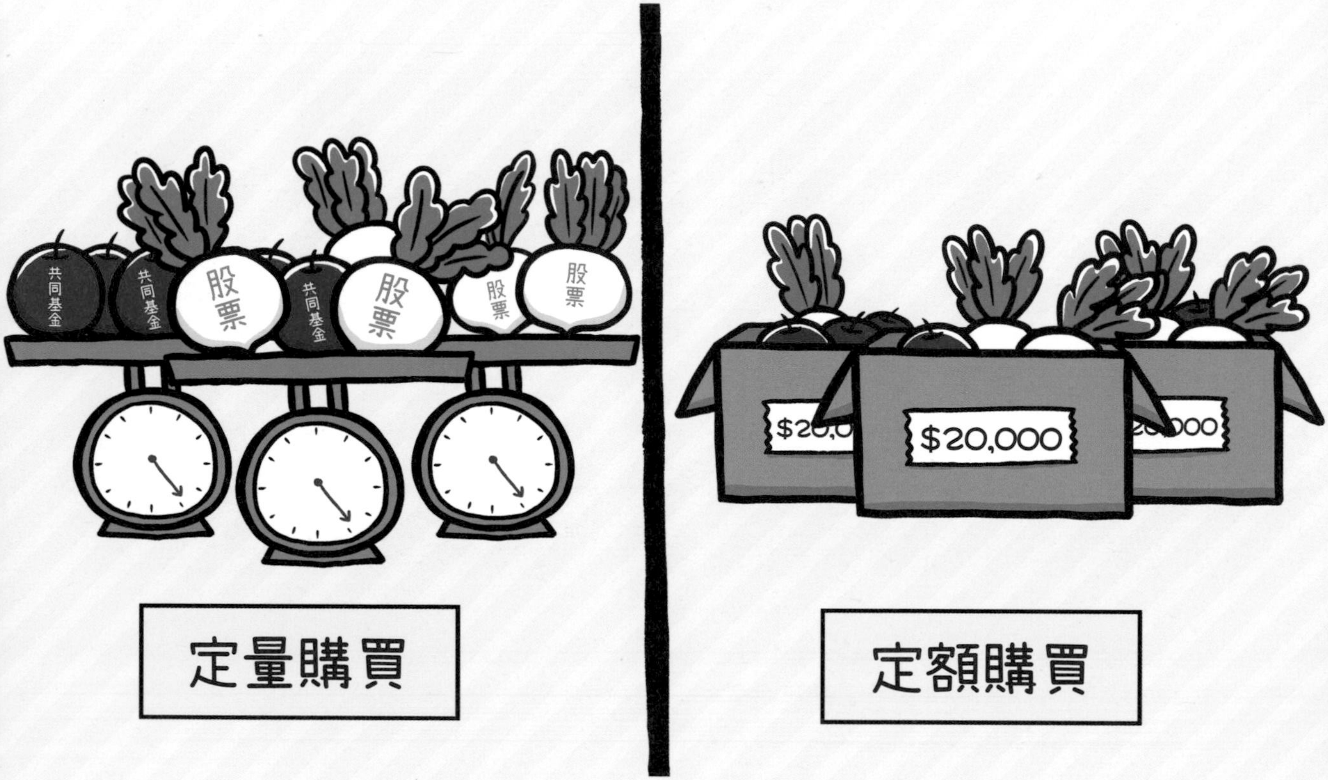

定期投資是分散投資的方法之一，
最適合搭配長期投資！

「定期投資」是一種依照自己事先決定的時間和金額，持續購買同一種商品的投資方法。購買的方式分為兩種，一種是持續購買相同數量的「定量購買」，另一種則是持續購買相同金額的「定額購買」。

不論採用哪一種購買方式，只要事先決定好購買的時間、金額或數量，接著就可以不用再理會。由於不須頻繁的判斷購買時機和數量，也就不會因為每天的價格起伏變動而煩惱，還能省下每次下單的時間和精力，變得很輕鬆。

不僅如此，因為資金分成很多次投入，投資時間分散，加上定期投資的時間不可能太短，所以等於間接做到了第38～41頁建議的長期投資和分散投資。

長期投資和分散投資都是最具代表性的風險掌控方式，如果再加上定期投資，面對風險的時候就更能游刃有餘了。

定額購買的好處：「平均成本法」

以「定期定額」的方式購買投資商品的方法，我們稱為「平均成本法」。舉例來說，假設我們以每個月1,000元的定期定額方式購買某支共同基金，當基金價格比較高的時候，購買的單位數就比較少；基金價格比較低的時候，購買的單位數就比較多。這麼一來，購買的價格就會被攤平，投資的績效也可能會比較高；和每個月購買相同單位數的定量購買方式相比，平均購買價格會比較低。

假設每個月
購買〔200元〕的蘋果！

	2月	3月	4月	5月
假設蘋果的價格會不斷發生變化	1顆50元	1顆100元	1顆200元	1顆100元
200元能買幾顆蘋果？	4顆蘋果	2顆蘋果	1顆蘋果	2顆蘋果

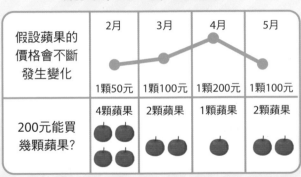

給家長

特別專區

老師們的投資教育

親身經驗　投資帶給我的孩子學習與成長！

**在這幾頁，你可以稍微休息一下，因為這裡寫的都是給家長看的內容。
當然你要看也完全沒問題！
但如果你能夠把這幾頁拿給家長看，我們會更開心！**

要體會長期、定期、分散投資的好處，至少需要5年的時間！

咩咩老師的家庭，可以說是典型的投資之家。除了咩咩老師自己以外，她的先生和公婆也都有投資的習慣。投資這個行為，已經完全融入了咩咩老師的家庭中；像這樣的家庭，在日本算是相當罕見。咩咩老師選擇用來教育孩子的投資商品，是「共同基金」。在教導孩子投資的時候，咩咩老師特別注重三件事：

❶ 投資一定是用自己的錢。
❷ 學生時期就要開始投資。學生時期是每個人都很寶貴的階段，因為能夠做自己喜歡的事情。如果這時剛好對投資感興趣，願意花時間研究，那最好。但就算對投資沒興趣，還是得持續的投資。
❸ 享受長期、定期與分散投資的威力。

咩咩老師的孩子是在10歲左右開始嘗試投資。剛開始的時候他是從過年的壓歲錢裡，每個月拿出3,000日圓來購買定期定額的共同基金。當時他挑選的是獨立基金（日本的一種基金，臺灣無此種基金），因為有些獨立基金的營運公司會很積極的鼓勵孩子開設未成年帳戶。

但後來剛好遇上金融海嘯，經濟很不景氣，他只能難過的看著寶貴的壓歲錢逐漸減少。直到 5 年之後，他已經15歲了，才終於體會到這種長期、定期與分散投資的好處。

CASE 1
咩咩老師的情況

CASE 2

萬里老師的情況

實踐前的準備①

萬里老師的孩子在小學一年級的時候，就已經開始為將來的投資預做準備了。剛開始，萬里老師讓孩子練習將每個月固定拿到的零用錢分成 3 份，分別是「自己要使用的錢」、「打算用在別人身上的錢」，以及「發生特殊狀況時可以使用的錢（平常要存起來的錢）」。這麼做的目的，是讓孩子學會管理金錢。

實踐前的準備②

等孩子升上小學三年級，萬里老師改變了給零用錢的方式。她是以「美金」換算後的日幣給零用錢，爸爸是以「歐元」換算後的日幣給零用錢。他們都是每個月最後一天給零用錢，並用那天的匯率將零用錢換算成「日幣」，再交給孩子。這麼做的目的，在於讓孩子體會「日幣」的價值每天都在發生變化。

終於到了實踐投資的時期！

現在，萬里老師的孩子已經小學四年級了，年紀正好10歲。他從小學一年級就開始把零用錢分成 3 份，如今，「發生特殊狀況時可以使用的錢（平常要存起來的錢）」已經存了不少，可以進入下一個階段了。萬里老師認為最重要的是要讓孩子自己對投資有興趣，因此在日常生活中，她總是積極的和孩子談論投資的話題，而她的孩子很喜歡打電動，所以對電玩遊戲製作公司的股票相當感興趣。

看新聞變成一件很有趣的事！

花花老師有兩個孩子，分別是14歲和20歲。他們因為投資的關係，開始關心生活上的事情，並因此學到了許多在學校學不到的知識。例如：他們和朋友一起喜歡上一種東西，不久之後這種東西引發大流行，相關公司的股票也跟著上漲。具體來說，有「珍珠奶茶」和「某遊戲軟體」等例子，而且這種情況已經發生了好幾次。

因為開始關心投資的事物，他們深刻體會到發生在自己生活周遭的事情，其實會對股價造成影響。當他們理解到生活上的事情和股價息息相關時，也開始對世界的局勢變化以及新聞感到興趣。而這也讓他們發現了許多學習投資之前不知道的事情。

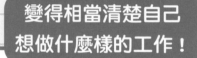

變得相當清楚自己想做什麼樣的工作！

投資還有一個好處，那就是可以認識很多很棒的公司。對孩子來說，「工作」是一個非常神祕的世界，因此往往會想得太複雜而心生畏懼。但是投資讓他們發現了許多好公司，同時感覺「工作」距離自己不再那麼遙遠。據說花花老師的孩子就是因為投資的關係，找到了未來想做的工作；未來對他們來說變得更加具體，他們也開始懂得如何發揮自己的專長，為自己未來的職業鋪路。

CASE 3

花花老師的情況

孩子的感想〔現在14歲，有3年投資經驗〕

世界上發生的各種事情和新聞都會影響股價，這點讓我覺得很有趣。每當我看見一家公司的股價上漲，我都會忍不住心想「他們一定很努力」。我支持的公司每年都會贈送「股東福利」，這對我來說就像是特別的禮物，真的讓我很感動。至於我投資的錢能夠對公司有幫助，不僅讓我感到自豪，而且看見自己的錢變多也是一件很開心的事。

孩子的感想〔現在20歲，有10年投資經驗〕

我真的很建議大家來體驗看看「靠投資讓大家都變得幸福」的感覺。投資不僅能夠促進公司的事業發展，對整個社會也是一種貢獻。更何況當股價上漲的時候，自己的獲利也會增加，可說是一舉三得。透過投資，可以深刻感覺到我們如今的美好生活，全多虧有許多公司的努力。而當我們養成投資的習慣，將來也比較不用為錢的事情擔心！

我今年已經20歲了，每當我想到出社會後可以做什麼樣的工作，怎麼貢獻自己的心力，讓大家都過得幸福，讓所有的人刮目相看，我就會興奮不已。

花花老師的話

我想讓孩子知道，只要透過投資找到好的公司，不僅在工作上能夠獲得收入，還有可能發揮所長，讓世界變得更美好！當每個人都過得幸福，金錢一定會伴隨著感謝的心意滾滾而來。

此外，透過投資教育，我希望孩子都能成為勇於挑戰人生的大人。不管是投資還是其他方面，都能夠獨立思考，不會害怕失敗（虧損）。

而且，我相信在股票投資的過程中，孩子一定會遇到各式各樣的公司，從中學會的知識與教訓將成為他們一生中最珍貴的財富。

與投資有關的格言

〔③實際嘗試投資〕

投資要在自己的能力範圍之內。

華倫・愛德華・巴菲特

Warren Edward Buffett（1930年～）
美國出身的投資人、經營者兼資產家。

「自己的能力」在這意思是「自己熟悉的領域」。巴菲特就是靠著長期投資可口可樂、迪士尼等自己熟悉的品牌，而成為美國首屈一指的投資人。

這家公司的經營團隊是不是一群誠實的人？

菲利普・亞瑟・費雪

Philip Arthur Fisher（1907～2004年）
美國出身的投資人。

如果你正在猶豫該不該投資一家公司，你一定要想起費雪這句話。如果經營團隊有職權騷擾的不良紀錄，或是不遵守社會規範，這家公司絕對無法順利經營，所以你應該仔細審視經營團隊裡每個人的言行。

商品窮人。

流傳於日本的格言

這句格言的意思，是譏諷很多人只會炒作新的商品或具有話題性的商品，完全沒有自己的想法，最後往往落得虧損下場。所以投資標的的選擇，絕對不能只靠「很有趣」。

買草帽一定要在冬天。

赫伯特・牛頓・卡森

Herbert Newton Casson（1869～1951年）
加拿大出身的經濟評論家。

投資一定要有遠見。只有懂得搶先購買的人，才能獲得成功。有些商品或許現在完全不受關注，將來卻可能成為搶手的熱門商品。

第4章

培養投資力

- 投資的天線
- 投資的練習法
- 投資不順利的時候

豎起天線，接收日常生活中的「疑問」和「感受」！

在每一天的生活中鍛鍊出投資力！

想要鍛鍊投資力，其實並不需要做什麼特別的事情，只要在日常生活中，對周遭發生的各種現象稍微敏感一點就行了。例如，在聽家人、朋友或老師說話的時候，或是在看新聞節目或自己喜歡的YouTube頻道的時候，不要只是聽過、看過就忘了，應該重視每個日常生活中的感受，就好像豎起一條天線，確實的接收每一道「引起自己注意的訊息」。

回想一下，你是否注意過平常在學校使用的文具，是哪一家公司製造的？最近流行的遊戲，是因什麼而流行？你經常去吃飯的餐廳，為什麼菜單更新了？只要像這樣重視日常生活中的每個「疑問」和「感受」，投資力自然會跟著提升。

小雪老師的重點講座

為什麼「一起風，賣木桶的就會賺錢」？

這是一句日本諺語，意思是「一件事情可能對意料之外的事情造成影響」。那麼，為什麼一起風，賣木桶的就會賺錢呢？因為風會颳起沙塵➡沙塵會讓人罹患眼疾➡眼睛看不見的人只能彈三味線（日本傳統弦樂器）維持生計➡想要買三味線的人就會變多➡製作三味線要用貓皮，所以貓會減少➡貓減少，老鼠就會增加➡老鼠會咬破木桶➡想買新木桶的人變多，賣木桶的就會賺錢。像這樣的想像力，對提升投資力有相當大的幫助。

挑戰看看

各種訓練投資力的方法

到底要怎麼做，才能在日常生活中豎起天線？

這裡介紹4種訓練方法，你也來挑戰看看吧！

假如臺灣要將

高鐵路線延伸到宜蘭……

↓

確定了路線➡路線會經過很多隧道➡開挖工具機械公司和營造廠商的股價就會上升

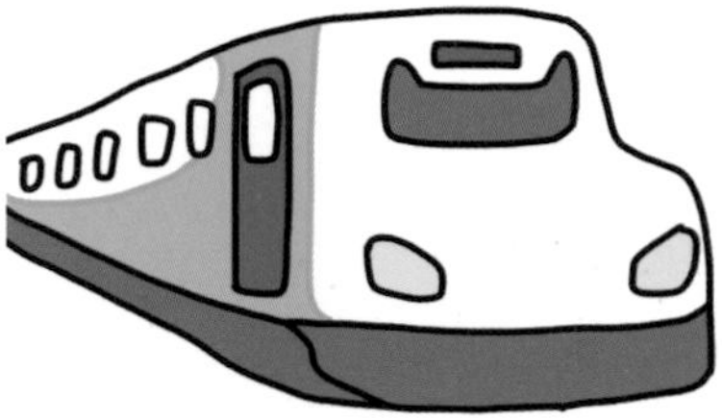

假如雙薪家庭

越來越多……

↓

父母都在工作➡沒有人照顧小孩和做家事➡能夠幫忙照顧小孩和做家事的AI和機器人相關產業的股價就會上升

訓練方法 1

聯想遊戲

這其實就是前一頁所介紹的「一起風，賣木桶的就會賺錢」的聯想方式。有點像是機智問答，可以把日常生活中的各種事情當作題目，盡情發揮想像力！

如果我們的社會

邁入高齡社會……

越來越多人關心健康問題➡越來越多人養成慢跑或健行習慣➡運動鞋的銷量會增加➡體育用品公司的股價就會上升

假如共享概念

開始大流行……

共享住屋越來越普及➡志同道合的人住在一起分攤水電等開銷➡越來越多人選擇購買共享屋➡建造共享屋的相關產業股價就會上升

特別篇

逆向訓練法

這方法不是預測未來會發生什麼事，而是根據目前已經發生的事實，推測「為什麼會這樣」。

例如，超市多了許多燕麥片的相關產品➡注重健康的人變多了➡因為新冠疫情的關係，許多人缺乏運動……如果這樣的推測是正確的，其他販賣健康商品公司的股價也會隨之上升。

如果SDGs（聯合國永續發展目標）

受到高度關注……

越來越多人加入減碳的行列➡改開電動車的人變多➡自動駕駛技術持續發展➡開車的時候能夠做其他事情➡娛樂和影音媒體相關產業的股價就會上升

訓練方法2

追蹤調查

這個訓練方式，就是持續調查某一檔股票受到哪些事情影響？發生了什麼樣的變化？可以從朋友之間的話題、電視上的新聞報導、社會上大多數人感到困擾的問題，或是日常生活中發生的種種事情，判斷它們是否會對股價造成影響？如果有影響的話，那是什麼樣的影響？只要持續觀察，當未來發生類似的事情時，就比較容易推測會造成什麼影響。

訓練方法3

投資日記

我們也相當推薦大家針對自己關心的投資標的，撰寫日記或自由研究筆記。剛開始，要明確記錄下選擇這個投資標的的理由，以及對未來價格走勢的預測。如果能夠附上新聞剪報，那就更好了。接下來每隔一段時間打開日記或筆記，一方面確認實際變化與預測的差距，一方面加入新的資訊和想法。像這樣的投資日記，在第44頁說明過的「投資健檢」也能派上用場。

訓練方法 4 投資模擬訓練

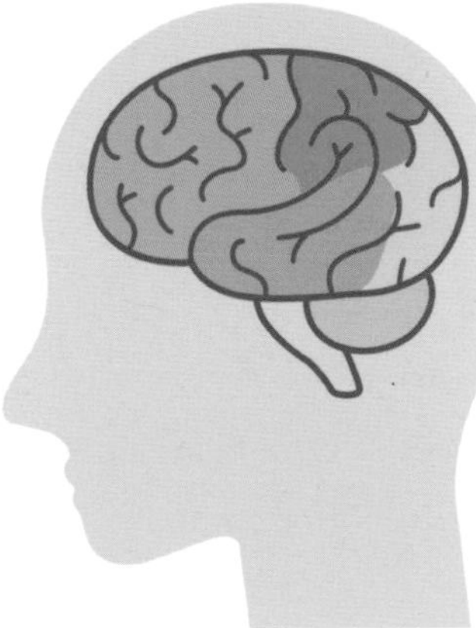

我們還可以假設自己已經購買了某一檔投資商品（不必實際購買），然後持續追蹤它的價格走勢。想像你購買的是你認為很有發展性的投資商品，接著每天觀察它的價格變化，並認真思考「為什麼會發生這樣的變化」。像這樣利用想像中的錢來獲得「投資模擬體驗」，也是一種很好的訓練方式。

小雪老師
你可以只選擇一種訓練方式，也可以每一種方式都試試看。努力找出最適合自己的投資力訓練方法吧！

投資的練習和運動的練習
其實非常相似。

想要提升投資的能力，
訣竅就是實際投資看看！

提升投資能力的方式，其實和提升運動能力的方式非常像。比如，想要學會怎麼踢足球，就要先學會足球比賽的規則，接下來或許要學「運球技巧」之類的理論，但是要想真正學會足球，還是必須實際的練習，甚至上場比賽，才能逐漸累積經驗。

投資也是一樣，雖然學習理論和知識很重要，但是想要真正提升投資的能力，最好的做法還是一邊學習，一邊實際投資；經驗越豐富，自然會表現得越好。

因此你可以將成年之前的這段期間，當成「投資的訓練期」，在家人的陪同下，開始練習投資。

剛開始，你或許會遭遇到挫折，但是你從小就開始練習，一定會比長大之後才練習的人學得更快。不管是學習投資還是學習足球，這一點都是一樣的。

萬里老師的重點講座

接受小額投資的商品，最適合拿來當作投資的練習！

我們在18～19頁介紹過共同基金，知道有些基金只要1,000元就能購買，非常適合拿來做投資練習。如果想買股票的話，臺灣股票多以1張（即1,000股）為買賣單位，但有些證券公司允許投資人買零股（1～999股），也可以多加利用。

當遇上投資不順利時，保持樂觀並相信自己。

擁有一顆
樂觀和相信自己的心！

我們在前一頁說明了累積經驗是提升投資能力的唯一方法，也曾經提過剛開始投資可能會不順利。那麼，真的不順利的時候該怎麼辦呢？每天對著投資商品唉聲嘆氣嗎？當然不可能！

最重要的，其實是在挑選投資標的的時候，一定要選擇自己可以相信的股票或共同基金。只要相信這家公司的成長能夠「讓社會變得更好」，就算它一時經營狀況不佳，我們也會堅持下去，相信它總有重新振作的一天。而當我們在投資時抱持這種積極樂觀的精神，相信就算遇到虧損，也不至於一整天愁眉苦臉。

可是，如果投資狀況一直沒有改善，又該怎麼辦呢？這個時候，我們就要進行第44頁介紹過的「投資健檢」，仔細思考為什麼會這樣？找出問題的原因。只要找出原因，就可以想出對策，讓下一次的投資不會重蹈覆轍。

咪子老師的重點講座

「失敗為成功之母」，我們要從失敗中記取教訓！

當自己挑選的投資標的價格下跌時，不管是誰都會感到迷惘與不安，但是絕對不要因為一次投資不順利，就再也不投資了。這時，更應該仔細思考失敗的原因，記取失敗的教訓。只要能做到這一點，就能往成功更邁進一步。建議你從每一次的失敗中學習，建立屬於自己的投資風格與方針。

與投資有關的格言

〔④培養投資力〕

花開了會謝，花謝了會再開。

流傳於日本的格言

市場上熱門的投資標的會不斷改變，所以購買的股票價格起起伏伏是很正常的事。既然是自己想要支持的公司，或是相信它的價值、認為未來會成長的公司，就不要過度擔憂一時的價格變動。

一開始的虧損是最棒的虧損。

流傳於華爾街的格言

這句格言的意思，是指越早體會投資的艱難越好。只有在投資不順利的時候，我們才會更加謹慎，也才會想要學習更多關於投資的知識。

學習投資的好朋友☆

小雞

勤勉又認真的小雞，擅長的科目是自然，不拿手的科目是體育。

小兔

在IT企業工作的兔子，平常不太愛說話，對網路的事情非常熟悉。

小松鼠

夢想未來能成為一個很棒的大人，喜歡的食物是栗子蛋糕。

賢者的想法時時在變，愚者的想法永不改變。

流傳於英國的格言

聰明的人只要一發現自己的想法有錯，就會立刻加以修正。相較之下，愚笨的人不會發現自己的錯誤，就算發現了也不願意改進。所以我們在投資的時候，只要一發現成果不如預期，就要趕緊找出原因並思考因應對策。

天底下不存在過去的賺錢機會。

流傳於華爾街的格言

「早知道我當初應該買A公司的股票……」
「早知道當初不要賣掉B公司的股票……」
有很多投資人會像這樣對從前的決定感到懊悔，然而真正重要的不是過去，而是現在和未來。接下來該如何投資才能讓寶貴的錢增加？這才是真正應該思考的事情。

投資股票的訣竅，就是在好的時機，買進好的股票。只要它的條件沒有變差，就不要把它賣掉。

華倫・愛德華・巴菲特

Warren Edward Buffett（1930年～）
美國出身的投資人、經營者兼資產家。

雖然只是簡單的一句話，卻精闢的說明了投資的訣竅。至於什麼時機是好的時機，什麼股票是好的股票，只能靠自己研究了。

他們都是與你一起

小狗

好勝心強、擁有旺盛的好奇心，跟著狗爸爸一起學習，成長速度驚人。

狗爸爸

雖然有時候會不小心變得太過嚴格，但是他對孩子的關愛絕對不輸給任何人。

小豬

最喜歡穿著打扮和流行的服飾，容易受周遭的人或事情影響。

教導投資的老師們

想要告訴總有一天會長大的你

咩咩老師

將來你在工作之餘，還能一邊讓投資幫你賺錢，想必一定能夠好好的享受人生，擁有非常寬廣的人生道路。但與此同時，希望你能夠透過投資，明白社會的運作方式，發現並改正錯誤的地方，讓我們國家變得更美好。這是每個懂投資的人都應該背負的使命。

花花老師

你就像是還沒有打磨的鑽石，只要以自我投資的方式持續的打磨，就能夠獲得光輝燦爛的人生！選擇投資標的，其實就像是尋找鑽石的原石，希望你也能感受到尋找好公司的樂趣！相信你的投資，一定能夠讓你的人生和社會都閃閃發光。

萬里老師

長大之後的你，要能夠過好的生活，依靠的就是你從現在開始的努力。自我投資和金錢投資，必定能夠成為幫助你的助力。我打從心底希望你能夠擁有一個自由自在、保持著自我風格的人生。

咪子老師

不管是運動、交朋友還是品嘗食物，第一次都需要一點好奇心和勇氣，投資也是一樣的道理。記得，先試著往前踏出一步，如果能夠持續下去，那再好不過，但如果心生厭倦，也不必勉強自己。不管結果如何，往前踏出第一步的勇氣，必定能夠讓未來的你看見不一樣的世界。

小雪老師

現在的你，擁有非常多的可能性。學習投資，就像是學習如何開拓這些可能性。你應該要好好的運用學到的知識，不畏懼風險，不管對任何事情都抱持一顆勇於挑戰的心。衷心期盼你能夠創造一個屬於自己的美好未來。

結語——給孩子

謝謝你讀完了這本書。

雖然這是一本教導「投資」的書，
但我們最大的希望，
是讓你明白「時間的重要性」，以及學會「獨立思考」。

時間是「投資」的最大武器！
這一點，我們在解釋複利的時候，已經說明過了。
而你的未來，還擁有非常多的時間，
所以我們誠心希望你能夠好好運用這些時間，
讓每一天都過得非常充實。

你可以專注於感興趣的事情，也可以熱衷於運動，
當然更可以投注心力在你的功課上。
只要你懂得好好珍惜時間，
相信你一定能夠成為你心目中的理想大人。

只要你開始學習「投資」，
久而久之，一定能夠擁有獨立思考的能力。

自己評估問題，自己做出判斷，
這是人生中非常重要的能力，並不僅限於「投資」。

靠「投資」增加金錢，不過是我們的目的之一。

我們更希望你能夠透過「投資」，
好好的觀察、感受和理解這個社會。

希望你在長大成人之後，
能夠認真思考「如何讓這個世界變得更美好」。

但願你能夠成為一個獨立思考的大人，
擁有一個不讓自己後悔的人生。

如果這本書能夠幫上你的忙，將是我們最開心的事。

——Kid's Money Station代表　八木陽子

監修 八木陽子 ／ Kid's Money Station代表

2005年起創立金錢教育、職涯教育的「 Kid's Money Station（兒童理財站）」。旗下擁有約 300 名講師，在日本全國中小學擁有大量的授課及演講經驗。2017年，日本文部科學省檢定的高中家政科教科書介紹其為「日本財務規畫師」。在小熊出版的作品還有《10歲開始自己學管理金錢：賺錢、存錢、花錢、增值的理財知識》。

翻譯 李彥樺

日本關西大學文學博士，曾任臺灣東吳大學日文系兼任助理教授，現為專職譯者，譯作涵蓋科普、文學、財經、實用叢書、漫畫等領域，在小熊出版譯有「準備開店嘍！」系列《小小店長能力養成：商業×計算》＋《小小設計師能力養成：創意×圖形》、「未來工作圖鑑」系列《1 創造快樂的世界》＋《2 打造安心的日常》等作品，並於FB粉專「小黑熊的翻譯世界」上不定期更新翻譯心得。

審訂 張森凱

布萊恩兒童商學院創辦人，創造財商教學系統，讓孩子從 4 歲開始循序漸進的培養儲蓄習慣，建構基本的辨別能力、學習分離帳戶的運用，並體現分享的價值，而課程延伸到青少年階段，更教導孩子對全球經濟的認知、投資理財的概念。孩子可以在這系統下一步一腳印，有系統且有效的學習，至今學員已累積超過10萬人次。

小熊出版官方網頁　小熊出版讀者回函

廣泛閱讀

10歲開始自己學投資理財：股票、基金、債券、獲利的重要觀念

監修／八木陽子　翻譯／李彥樺　審訂／張森凱

總編輯：鄭如瑤｜主編：陳玉娥｜副主編：陳湄玲｜美術編輯：黃淑雅
行銷經理：塗幸儀｜行銷企畫：袁朝琳
出版：小熊出版／遠足文化事業股份有限公司
發行：遠足文化事業股份有限公司（讀書共和國出版集團）
地址：231新北市新店區民權路108-3號6樓
電話：02-22181417｜傳真：02-86672166
劃撥帳號：19504465｜戶名：遠足文化事業股份有限公司
Facebook：小熊出版｜E-mail：littlebear@bookrep.com.tw
讀書共和國出版集團網路書店：http://www.bookrep.com.tw

客服專線：0800-221029 ｜客服信箱：service@bookrep.com.tw
團體訂購請洽業務部：02-22181417 分機1124
法律顧問：華洋法律事務所／蘇文生律師
印製：凱林彩印股份有限公司
初版一刷：2024年6月｜定價：350元
ISBN：978-626-7429-61-7（紙本書）
978-626-7429-54-9（EPUB）
978-626-7429-70-9（PDF）
書號：0BWR0060

國家圖書館出版品預行編目（CIP）資料

10 歲開始自己學投資理財：股票、基金、債券、獲利的重要觀念 / 八木陽子監修；李彥樺翻譯 .-- 初版 .-- 新北市：小熊出版，遠足文化事業股份有限公司，2024.06；
96 面；19 × 21 公分 .--（廣泛閱讀）

ISBN 978-626-7429-61-7（平裝）
1.CST: 理財　2.CST: 投資　3.CST: 通俗作品

563　　113005189

「買草帽一定要在冬天。」——卡森

」

「賺錢的機會沒有捷徑。」

言

——日本格言

「投資股票的訣竅，就是在好的時機，買進好的股票。
只要它的條件沒有變差，就不要把它賣掉。」
——巴菲特

、

賺錢機會。」

對不能放盡。」

「就我所知，沒有任何其他領域能夠以這麼簡單的方式
獲取這麼大的利益。」——費雪

花開了會謝，花謝了會再開。」——日本格言

要在自己的能力範圍之內。」——巴菲特

「這家公司的經營團隊是不是
一群誠實的人？」——費雪

「一個優秀的投資者，除了要擁有創造報酬的能力
還要擁有同樣高明的風險掌控能力。」──馬克斯

「商品窮人。」──日本格言

「賢者的想法時時在變，愚者的想法永
──英國格言

「會忍才是搖錢樹。」─

「不把雞蛋打破，就沒有辦法製作歐姆蛋。」
──華爾街格言

「天底下不存在過去的
──華爾街格言

「不能把所有的雞蛋都放在
同一個籃子裡。」
──英國格言

「資金就像風箏
──日本格言

「試著投資看看，金額再少都沒有關係。
光看書是不行的。」──巴菲特

「扌

「一開始的虧損是最棒的虧損。」
──華爾街格言